Impressum
Verlag: BABADADA GmbH, Nedderfeld 112 , 22529 Hamburg
Geschäftsführer / Verlagsleitung: Harald Hof
Druck: Books on Demand GmbH, In de Tarpen 42, 22848 Norderstedt

Imprint
Publisher: BABADADA GmbH, Nedderfeld 112 , 22529 Hamburg, Germany
Managing Director / Publishing direction: Harald Hof
Print: Books on Demand GmbH, In de Tarpen 42, 22848 Norderstedt

dividir
kyemu

186/2

el pizarrón
twerɛ pono

el aula
sukuudanmu

el patio de la escuela
sukuu mu

el maestro
kyerɛkyerɛni

el papel
krataa

escribir
twerɛ

la birome
pɛn

el scritorio
ɛpono a yɛyɛ so adwuma

la regla
rula

el libro
nwoma

el alumno
sukuuni

la mochila

baage

la caja de lápices

twerɛdua konko

el lápiz

twerɛdua

el sacapuntas

deɛ yɛde sensen twerɛdua
ano

la goma (de borrar)

rɔba

el bloc de dibujo

krataa a yɛdwi adeguso

el dibujo
adedwie

el pincel
penti brɔhye

la caja de pinturas
penti adaka

la tijera
apasɔɔ

el pegamento
aman

el cuaderno de ejercicios
nwoma a yɛyɛ mu adwuma

la tarea
efie adwuma

el número
nɔma

sumar
kabom

restar
te fri mu

multiplicar
mmɔho

calcular
sese

la letra
lɛtɛ

el abecedario
ntwerɛeɛ

la palabra
asɛmfua

el texto

ntwerɛdeɛ

leer

kenkan

la tiza

kyɔk

la lección

adesua

el cuaderno de clase

twerɛ wo din

el examen

nsɔhwɛ

el certificado

abodinkrataa

el uniforme escolar

sukuu ataadeɛ

la educación

adesua

la enciclopedia

nyansa nwoma

la universidad

suapɔn

el microscopio

maakroskop

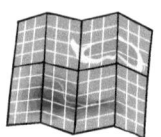

el mapa

map

el tacho (de basura)

kɛntɛn a yɛde krataa nwura
gu mu

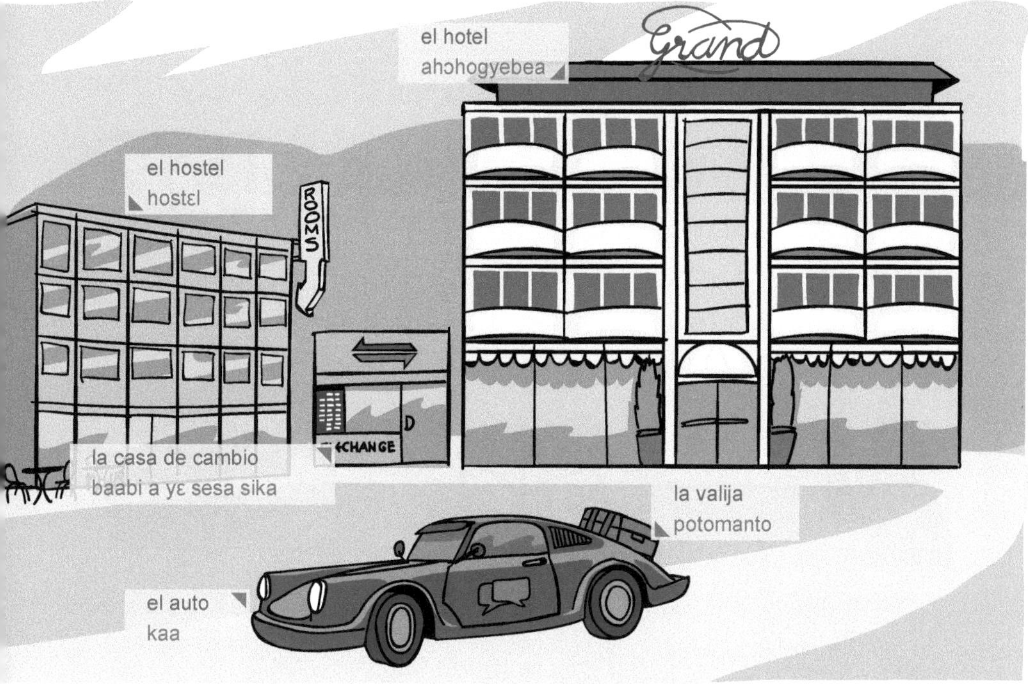

el hotel
ahɔhogyebea
Grand
el hostel
hostɛl
ROOMS
la casa de cambio
baabi a yɛ sesa sika
EXCHANGE
la valija
potomanto
el auto
kaa

el idioma

kasa

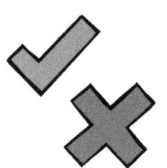

sí / no

aane / dabi

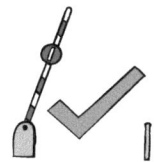

Está bien

Yoo

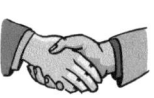

hola

hɛlo

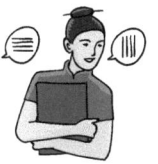

el traductor

kasa asekyerɛfoɔ

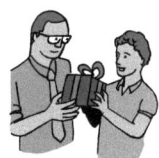

Gracias

Medaase

¿cuánto cuesta...?

...bɔɔ yɛ sɛn?

No entiendo

Me nte aseɛ

el problema

ɔhaw

¡Buenas tardes!

Maadwo!

¡Buenos días!

Maakye!

¡Buenas noches!

Dayie!

el adiós

baibai o

la dirección

akwankyerɛ

el equipaje

wo nneɛma

el bolso

bɔtɔ

la mochila

akyirebɔtɔ

el invitado

ɔhɔhoɔ

la habitación

danmu

la bolsa de dormir

bɔtɔ a yɛda mu

la carpa

ntomadan

la información turística

nsɛm dema wɔn a wɔkɔ nsrahwɛ

la playa

mpoano

la tarjeta de crédito

kaade a yɛde yi sika

el desayuno

anɔpa aduane

el almuerzo

awua aduane

la cena

anwumerɛ aduane

el pasaje

tiket

el ascensor

pegya

el sello

stamp

la frontera

ɛhyeɛ so

la aduana

kutɔmfoɔ

la embajada

embasi

la visa

visa

el pasaporte

passpɔt

el transporte
akɔneabadie

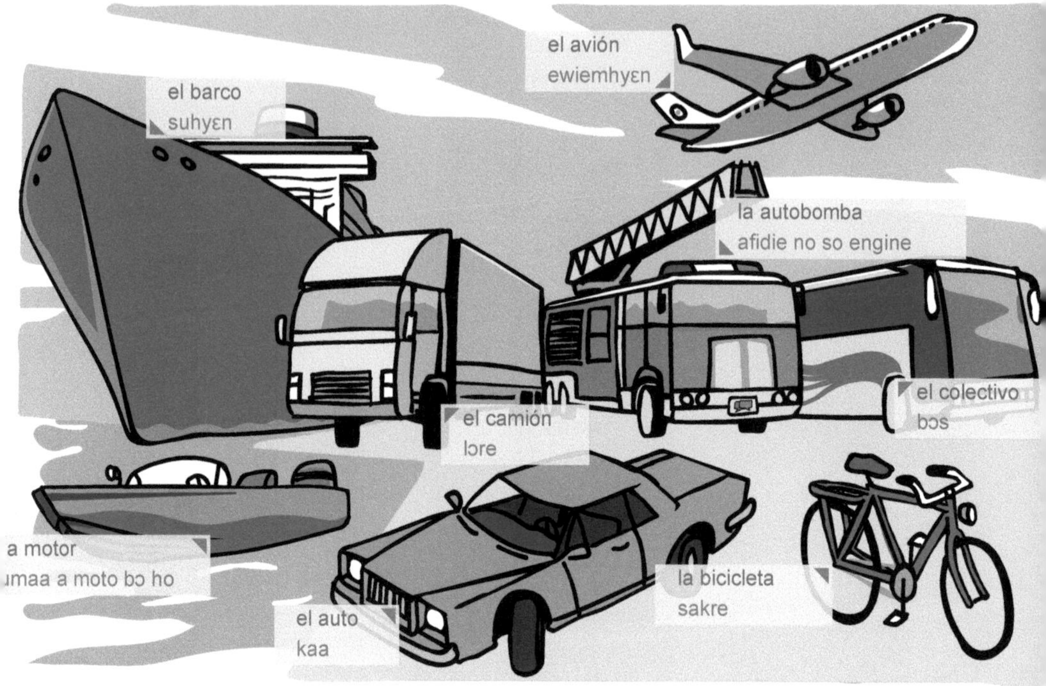

el avión
ewiemhyɛn
el barco
suhyɛn
la autobomba
afidie no so engine
el colectivo
bɔs
el camión
lɔre
a motor
ımaa a moto bɔ ho
la bicicleta
sakre
el auto
kaa

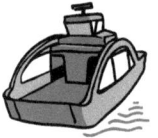

el ferry
hyɛma

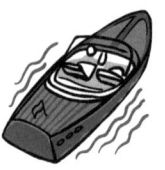

el bote
suhyɛn kumaa

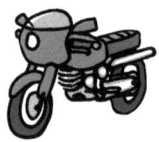

la moto
motosakre

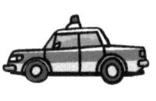

el patrullero
polisifoɔ kaa

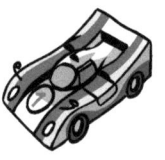

el auto de carreras
kaa a ɛkɔ mirika akansie

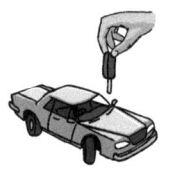

el auto de alquiler
kaa a yɛde ma ahan

el alquiler de autos

wɔre kyɛ kaa

la grúa

lɔre a asɛɛɛ

el camión de la basura

bɔɔla kaa

el motor

moto

la nafta

pɛtro

la estación de servicio

baabi a yɛbu pɛtro

la señal de tránsito

trafik ahyɛnsodeɛ

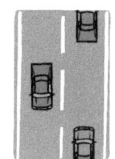

el tránsito

trafik

el embotellamiento

trafik akye

el estacionamiento

baabi a yɛde kaa esi

la estación de tren

keteke gyinabea

las vías

keteke kwan

el tren

keteke

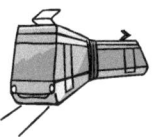

el tranvía

tram

el vagón

ponkɔ kaa

el helicóptero

helikopta

el aeropuerto

ewiemhyɛnbea

la torre

abansoro

el pasajero

apasingyani

el contenedor

tontowa

la caja de cartón

adaka

la carretilla

kaate

la canasta

kɛntɛn

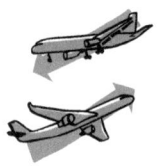

despegar / aterrizar

atu / asi fam

la ciudad
kuro kɛseɛ

el pueblo

akurase

el centro de la ciudad

kuro dwaberɛ mu

la casa

efie

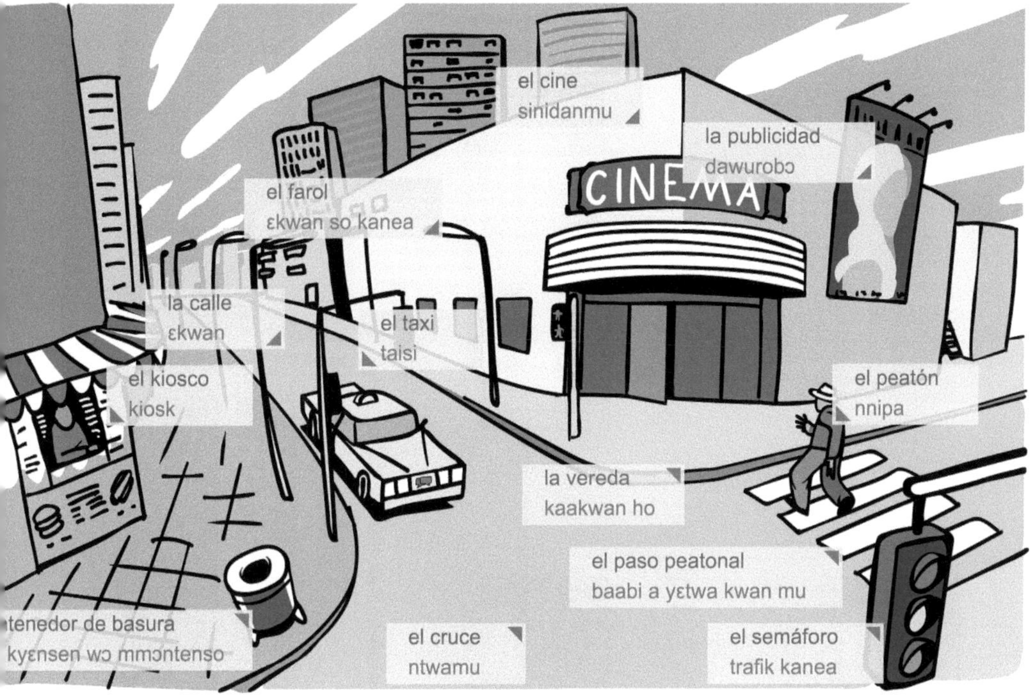

el cine
sinidanmu

la publicidad
dawurobɔ

el farol
ɛkwan so kanea

CINEMA

la calle
ɛkwan

el taxi
taisi

el peatón
nnipa

el kiosco
kiosk

la vereda
kaakwan ho

el paso peatonal
baabi a yɛtwa kwan mu

tenedor de basura
kyɛnsen wɔ mmɔntenso

el cruce
ntwamu

el semáforo
trafik kanea

la cabaña
....
apata

el departamento
....
efie

la estación de tren
....
keteke gyinabea

la municipalidad
....
adwaberɛm

el museo
....
bea a yɛ kora tete nneɛma

el colegio
....
sukuu

la universidad

suapɔn

el banco

sikakrobea

el hospital

ayaresabea

el hotel

ahɔhogyebea

la farmacia

famasi

la oficina

asoeɛ

la librería

sotɔɔ a wotɔn nwoma

el negocio

sotɔɔ

la florería

baabi yɛtɔn nhwiren

el supermercado

sotɔɔpɔn

el mercado

edwam

las grandes tiendas

sotɔɔ kɛseɛ

la pescadería

baabi a yɛtɔn mpataa

el centro comercial

dwadibea kɛseɛ

el puerto

suhyɛn gyinabea

el parque
baabi kaa gyina

el banco
bɛnkye

el puente
ɛtwene

las escaleras
atwedeɛ

el subte
asaase ase

el túnel
ɛbɔn

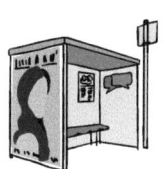

la parada del colectivo
baabi a bɔs gyina

el bar
nsanombea

el restaurante
adidibea

el buzón
lɛta adaka

el letrero
ɛkwan so akwankyerɛ

el parquímetro
baabi kaa gyina ho mita

el zoológico
zoo

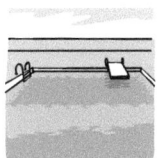

la pileta
nsuo a yɛ dware mu

la mezquita
nkramodan

la granja

afuo

la contaminación

deɛ egu mmɔnten so fi

el cementerio

asieɛ

la iglesia

asɔre

los juegos infantiles

agodibea

el templo

asɔre dan

el paisaje

mmɔnten so asiesie

la hoja
ahaban

el poste indicador
sanbɔd

el camino
kwan

la pradera
asaase a ɛsere wɔ so

la piedra
boba

el excursionista
ɔnantefoɔ

el árbol
dua

el río
asubɔnten

la hierba
ɛserɛ

la flor
nhwiren

el valle
amenamu

la montaña
bepɔ

el lago
tadeɛ

el bosque
kwaeɛ

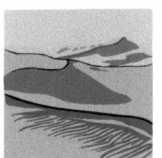

el desierto
ɛserɛ so

el volcán
egya a efri botan mu

el castillo
abankɛseɛ

el arco iris
nyankontɔn

el champiñón
emere

la palmera
abɛtene

el mosquito
ntomntom

la mosca
tu

la hormiga
ntɛtea

la abeja
wowɔ

la araña
ananse

el escarabajo

amankuo

la rana

aponkyerɛni

la ardilla

opuro

el erizo

apɛsɛ

la liebre

adanko

la lechuza

patuo

el pájaro

anomaa

el cisne

nsuo mu dabodabo

el jabalí

kɔkɔte

el ciervo

adoa

el alce

ɔtweenini

la presa

dam

el aerogenerador

wind turbine afidie

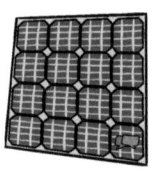

el panel solar

afidie a ɛkye awia

el clima

wiem nsakraeɛ

el restaurante
adidibea

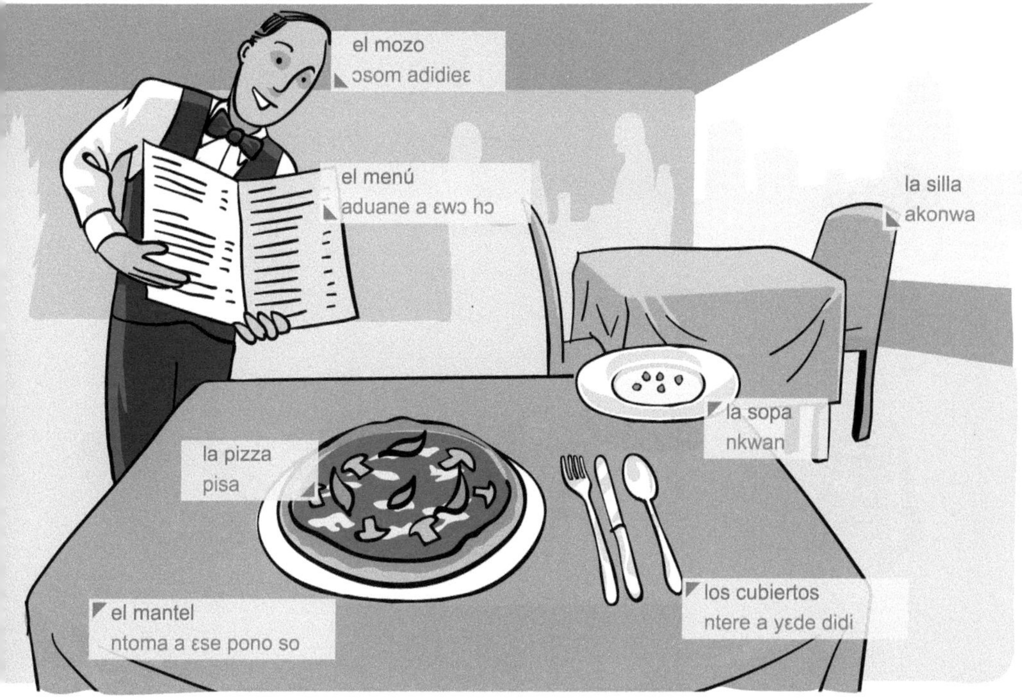

el mozo
ɔsom adidieɛ
el menú
aduane a ɛwɔ hɔ
la silla
akonwa
la sopa
nkwan
la pizza
pisa
los cubiertos
ntere a yɛde didi
el mantel
ntoma a ɛse pono so

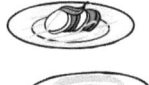

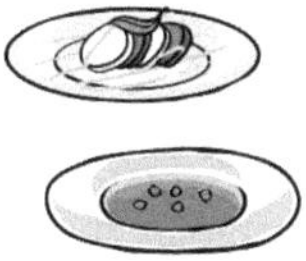

la entrada
mprampra anom

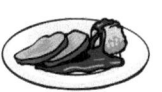

el plato principal
aduane no ankasa

el postre
mpa anom

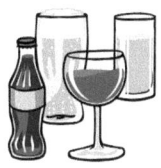

las bebidas
nsa

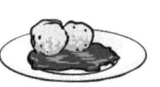

la comida
aduane

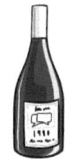

la botella
toa

la comida rápida

aduane hyewhyew

la comida callejera

abɔnten so aduane

la tetera

tii kukuo

la azucarera

asikyire konko

la porción

wo kyɛfa

la cafetera expreso

espresso afidie

la sillita alta

akonwa tenten

la cuenta

wo ka

la bandeja

apanpan

el cuchillo

sekan

el tenedor

adinam

la cuchara

atere

la cucharita

atere ketewa

la servilleta

napkin a yɛde pepa ano

el vaso

glase

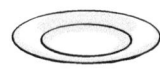

el plato

prɛte

el plato hondo

kwan kyɛnsee

el plato

prɛte ketewa

la salsa

abomu

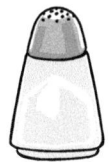

el salero

nkyene kukuo

el molinillo de pimienta

yɛde yam mako

el vinagre

fenega

el aceite

anwa

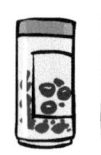

las especias

aduhwam

el kétchup

kɛkyɔp

la mostaza

mustad

la mayonesa

mayones

el supermercado

sotɔɔpɔn

la oferta especial
ntesoɔ soronko
FOR
el cliente
adetɔfoɔ
los lácteos
nanatwie nufusuo
la fruta
aduaba
el changuito
hwiili

BUTCHERS

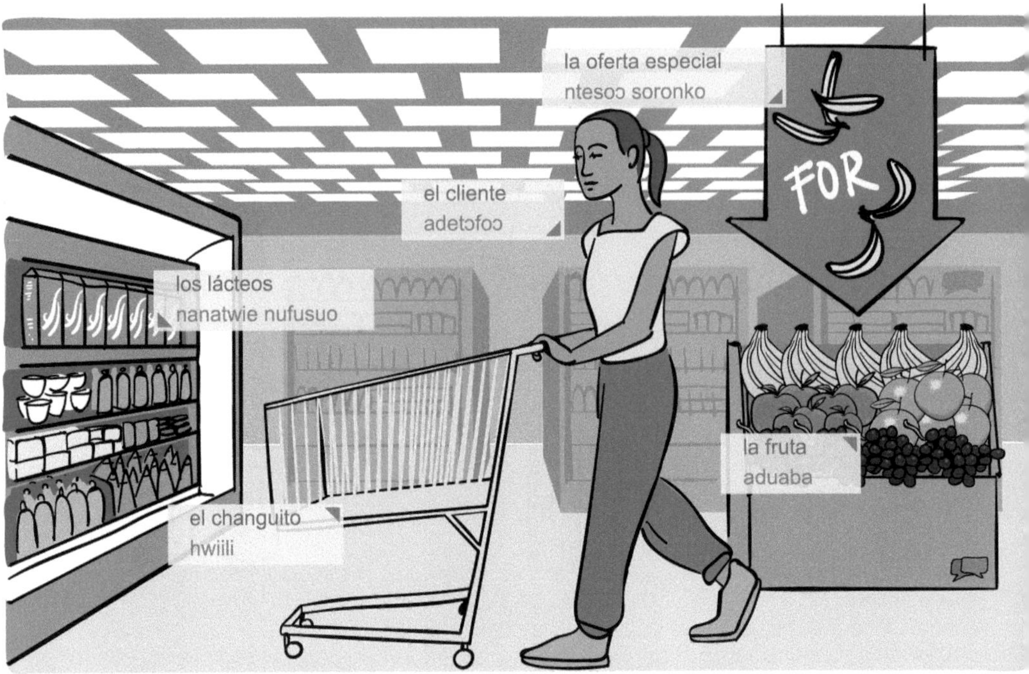

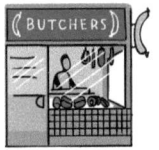

la carnicería

baabi a yɛtɔn nam

BAKERY

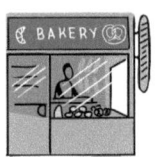

la panadería

baabi a yɛtɔn paano

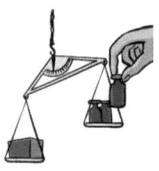

pesar

susu

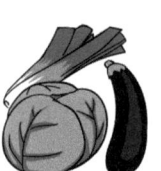

las verduras

atosodeɛ

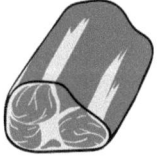

la carne

nam

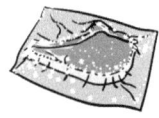

los alimentos congelados

frigyemu aduane

los fiambres

nam a adwɔɔ

los alimentos enlatados

kyɛnsee mu aduane

el detergente en polvo

paoda samena

las golosinas

adedɔkɔdɔkɔ

los electrodomésticos

efie nneɛma

los productos de limpieza

adetɔneɛ a yɛde pepa fin

la vendedora

nnipa a ɔton adeɛ

la caja

afidie a egye sika

el cajero

ɔgyegye sika

la lista de compras

krataa a wodi rekɔ di dwa

el horario de atención

berɛ a wɔde bua

la billetera

sikabɔtɔ

la tarjeta de crédito

kaade a yɛde yi sika

la cartera

baage

la bolsa de plástico

rɔba baage

el agua

nsuo

el jugo

aduaba mu nsuo

la leche

nufusuo

la bebida cola

kok

el vino

wain nsa

la cerveza

biya

el alcohol

mmorosa

el cacao

kokoo

el té

tii

el café

kofe

el café expreso

espresso

el cappuccino

kapukyino

la banana

kwadu

la manzana

apol

la naranja

ankaa

el melón

melon

el limón

akutoɔ

la zanahoria

karɔt

el ajo

garlik

el bambú

pampro

la cebolla

gyeene

el champiñón

mmere

las nueces

nkateɛ

los fideos

talia

los tallarines

spageti

el arroz

ɛmo

la ensalada

salad

las papas fritas

kyipis

las papas fritas

abrɔdwomaa a y'akye

la pizza

pisa

la hamburguesa

hambɔga

el sándwich

sanwekye

el churrasco

nam a dompe nnim

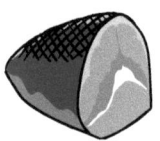

el jamón

preko nam

el salame

nam a y'ahata

la salchicha

sɔsege

el pollo

akokɔ

el asado

toto

el pescado

apataa

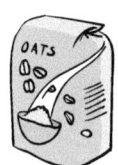

los copos de avena

oosu koko

el muesli

muesli

los copos de maíz

konflese

la harina

esam

la medialuna

krossant

el pancito

paano a y'abobɔ

el pan

paano

la tostada

paano a y'atoto

las galletitas

biskete

la manteca

bɔta

la cuajada

nufusuo a ada

la torta

keeke

el huevo

kosua

el huevo frito

kosua a y'akyeɛ

el queso

kyiis

el helado

asskrim

el azúcar

asikyire

la miel

ɛwoɔ

la mermelada

gyaam

la pasta de chocolate

kyokolete

el curry

kɔri

la granja
afuo

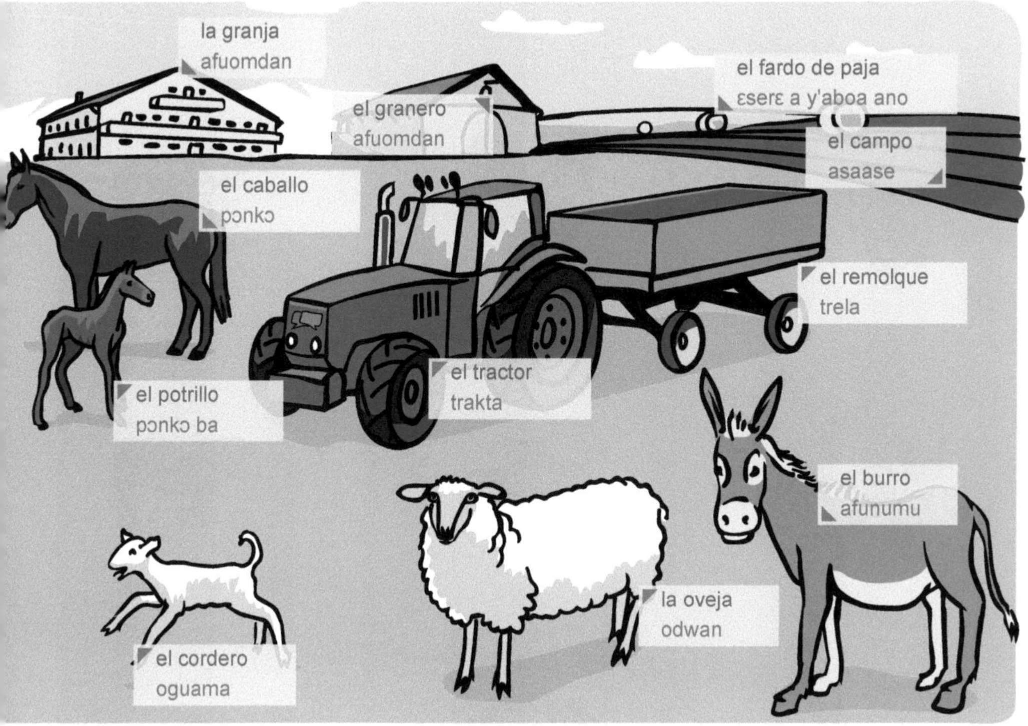
la granja
afuomdan
el granero
afuomdan
el fardo de paja
ɛserɛ a y'aboa ano
el campo
asaase
el caballo
pɔnkɔ
el remolque
trela
el tractor
trakta
el potrillo
pɔnkɔ ba
el burro
afunumu
la oveja
odwan
el cordero
oguama

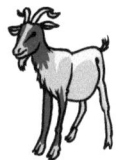

la cabra
apɔnkye

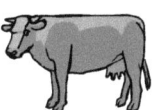

la vaca
nantwie

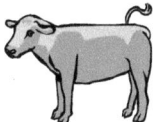

el ternero
nantwie ba

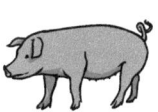

el cerdo
prɛko

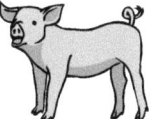

el lechón
prɛko ba

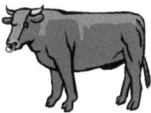

el toro
nantwinini

el ganso

dabodabo nua

el pato

dabodabo

el pollo

akokɔba

la gallina

akokɔbedeɛ

el gallo

akokɔnini

la rata

kusie

el gato

ɔkra

el ratón

akura

el buey

nantwinini

el perro

kraman

la cucha

kraman buo

la manguera

afuom drobɛn

la regadera

tontora a yɛde gu nsuo

la guadaña

sekan a yɛde twa aburo

el arado

funtum dadeɛ

la hoz

kɔntɔnkrɔ

la azada

asɔ

la horquilla

afuom adinam

el hacha

akuma

la carretilla

hweebaro

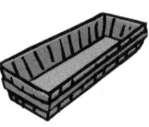

el abrevadero

adidika

la lechera

nufusuo konko

la bolsa

bɔtɔ

la reja

ɛban

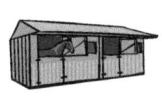

el establo

pɔnkɔ dan

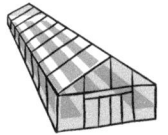

el invernadero

ntomadan a yɛyɛ mu afuo

el suelo

anwea

la semilla

aba

el fertilizador

ɔyɛ asaaseyie

la cosechadora

otwaberɛ trakta

cosechar

twa

la cosecha

otwaberɛ

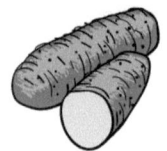

las batatas

bayerɛ

el trigo

ayuo

la soja

soya

la papa

abrɔdwomaa

el maíz

aburo

la semilla de colza

repu aba

el árbol frutal

dua a ɛso aba

la mandioca

bankye

los cereales

aburo asefoɔ

la casa
efie

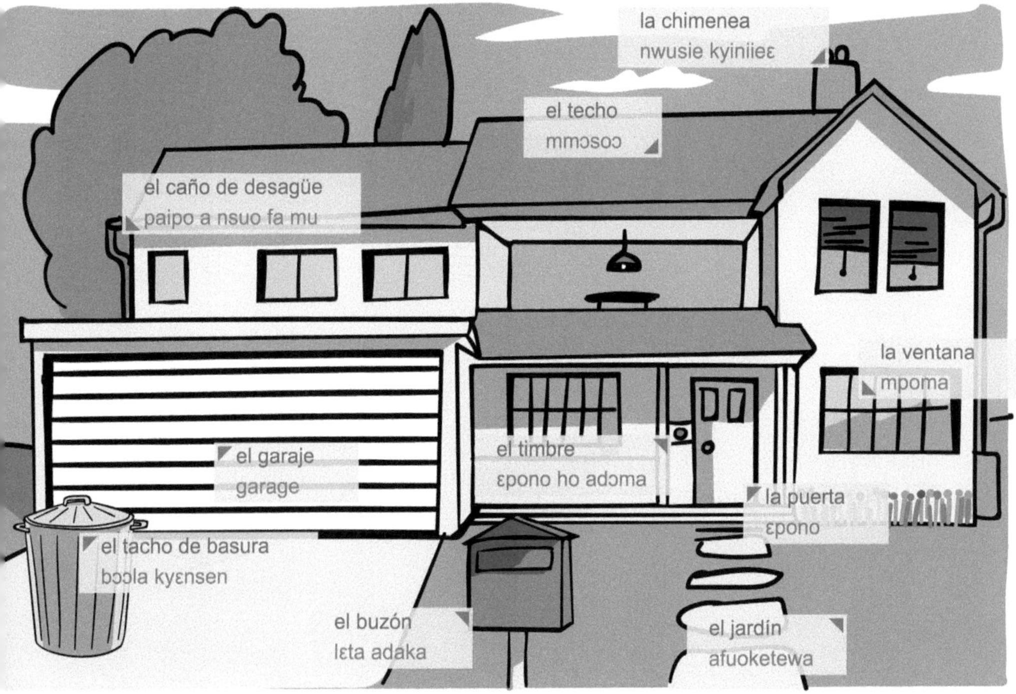
la chimenea
nwusie kyiniieɛ
el techo
mmɔsoɔ
el caño de desagüe
paipo a nsuo fa mu
la ventana
mpoma
el garaje
garage
el timbre
ɛpono ho adɔma
la puerta
ɛpono
el tacho de basura
bɔɔla kyɛnsen
el buzón
lɛta adaka
el jardín
afuoketewa

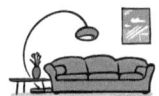

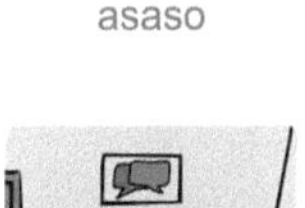
el living
asaso

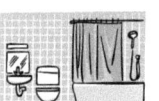

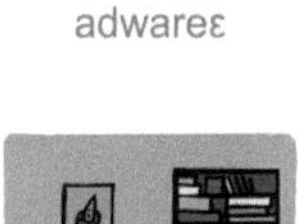
el baño
adwareɛ

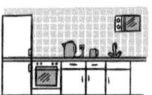

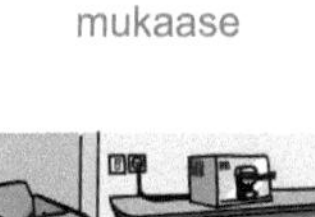
la cocina
mukaase

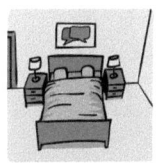

el dormitorio
pie mu

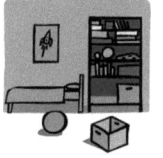

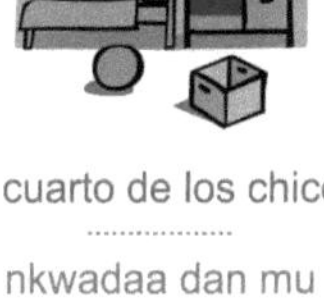
el cuarto de los chicos
nkwadaa dan mu

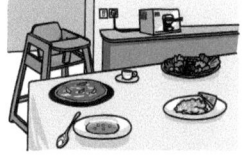

el comedor
dan a yɛdidi mu

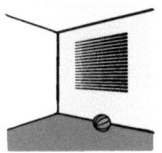

el piso

εfam

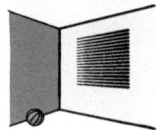

la pared

εban

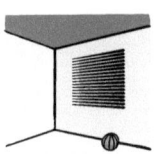

el cielorraso

abruuso

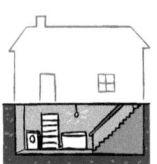

el sótano

danbloo

el sauna

adwereε a εbɔ ɔhyew

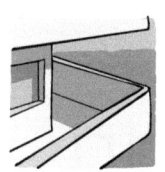

el balcón

abranaa

la terraza

abranaaso

la pileta

nsuo a yεdware mu

la cortadora de pasto

afidie a yεde dɔ

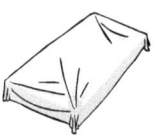

la sábana

nsεfam

el acolchado

ntoma a εse kεtε so

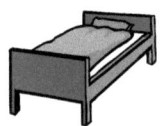

la cama

mpa

la escoba

prayε

el balde

bokiti

el interruptor

dane

el living

asaso

el empapelado
kırataa a ɛfam dan ho
la imagen
nfonin
la lámpara
kanea
el estante
kɔbɔd
el armario
kɔbɔd adaka
la televisión
tiivi
la chimenea
egya dabrɛ
la flor
nhwiren
el almohadón
kuhyɛn
el sofá
akonwa kɛseɛ
el florero
kukuo a nhwiren hye mu
el control remoto
remote

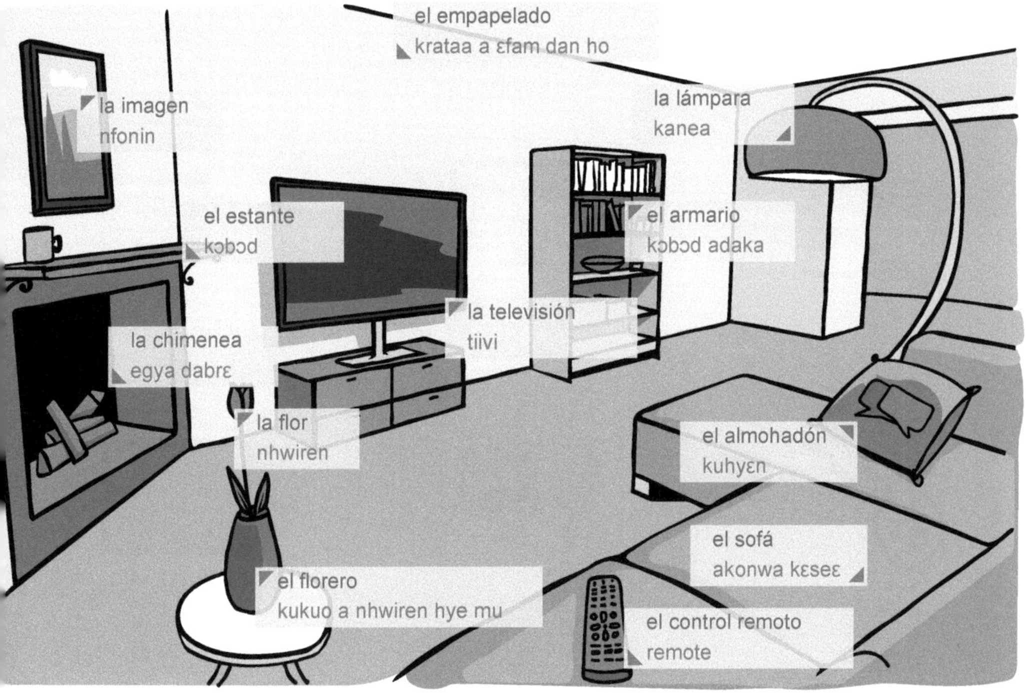

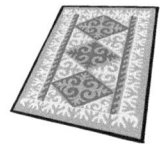

la alfombra

kapɛte

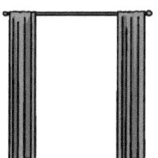

la cortina

ntwaa dan mu

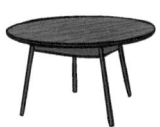

la mesa

ɛpono

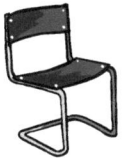

la silla

akonwa

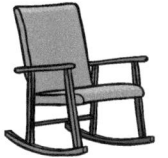

la mecedora

akonwa a ehinhim

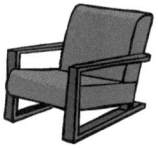

el sillón

akonwa a yɛgyegye dan

el libro

nwoma

la frazada

kuntu

la decoración

dan mu nsiesie

la leña

egya

la película

sini

el equipo de música

wailɛs

la llave

safoa

el diario

koowaa krataa

la pintura

nfonin a y'adwi

el póster

nfam danho

la radio

radio

el cuaderno

krataa a yɛ twere mu

la aspiradora

afidie a ɛprapra

el cactus

kaktus

la vela

kyɛnere

la cocina
mukaase

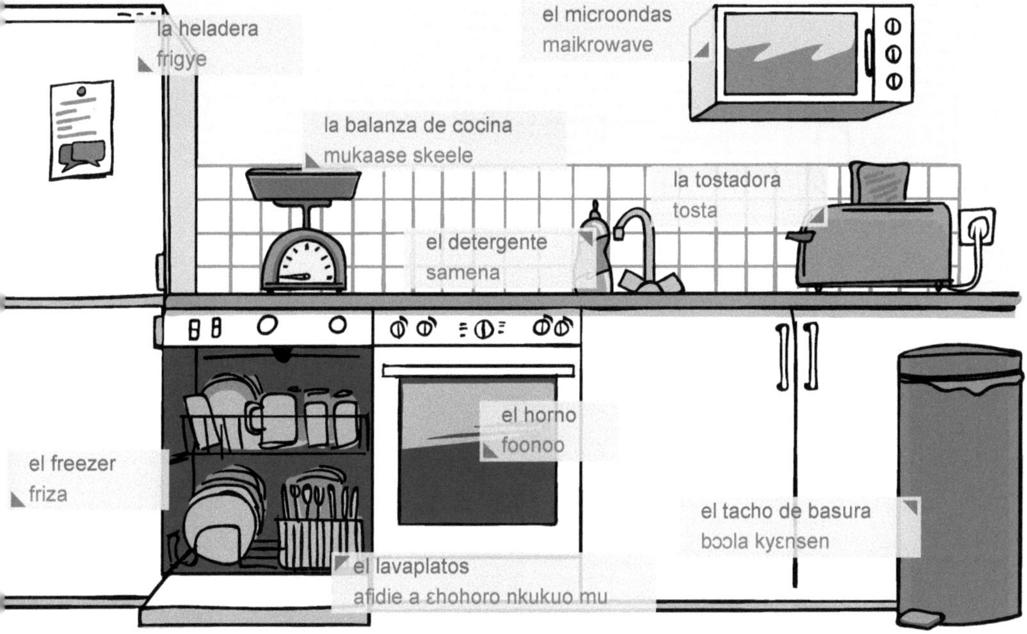

la heladera
frigye
el microondas
maikrowave
la balanza de cocina
mukaase skeele
la tostadora
tosta
el detergente
samena
el horno
foonoo
el freezer
friza
el tacho de basura
bɔɔla kyɛnsen
el lavaplatos
afidie a ɛhohoro nkukuo mu

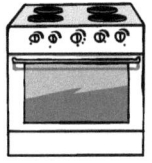

la cocina

abɛɛfo bukyea

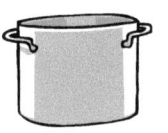

la olla

kokuo

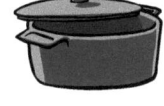

la olla de hierro fundido

dadesɛn

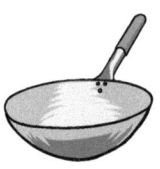

el wok

wok / kadai

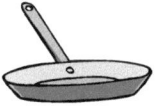

la sartén

kyɛnsee

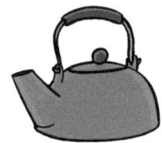

la pava

nsuo hyeɛ afidie

la vaporera

stiima

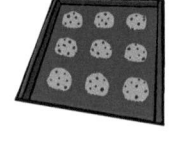

la bandeja de horno

apa a yε to so adeε

la vajilla

prεte, kuruwa, ntere ne nea εkeka ho

la taza

kuruwa a etumi bɔ

el bol

kyεnsee

los palitos

nnua a yεde didi

el cucharón

kwantre

la espátula

dua atere

la batidora

yεde nu adeε mu

el colador

sɔneε

el colador

fefe

el rallador

greta

el mortero

waduro

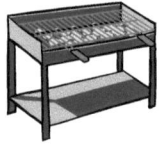

la parrilla

kyinkyinga

la fogata

bukyea

la tabla de picar

ɛpono a yɛ twitwaso adeɛ

el palo de amasar

ɛta

el sacacorchos

deɛ yɛtu nsa so

la lata

konko

el abrelatas

deɛ yɛde bue konko so

la manopla

yɛde sɔ kukuo mu

la pileta

sink

el cepillo

brɔhye

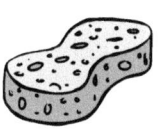

la esponja

sapɔ

la batidora

aduane yam fidie

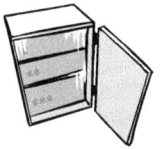

el congelador

friza nini

la mamadera

toa a abɔdoma nom ano

la canilla

paipo

el baño
adwareɛ

la calefacción
ɔhyewbɔ
la ducha
hyawa
la toalla
bɔɔloba
la cortina de la ducha
ntoma etwa hyawa mu
el baño de espuma
ahuro a yɛdware mu
la bañadera
pan a yɛdware mu
el vaso
glase
el lavarropas
afidie a esi nnɛma
la canilla
paipo
las baldosas
tiailse
la pelela
kuraba
la pileta
sink

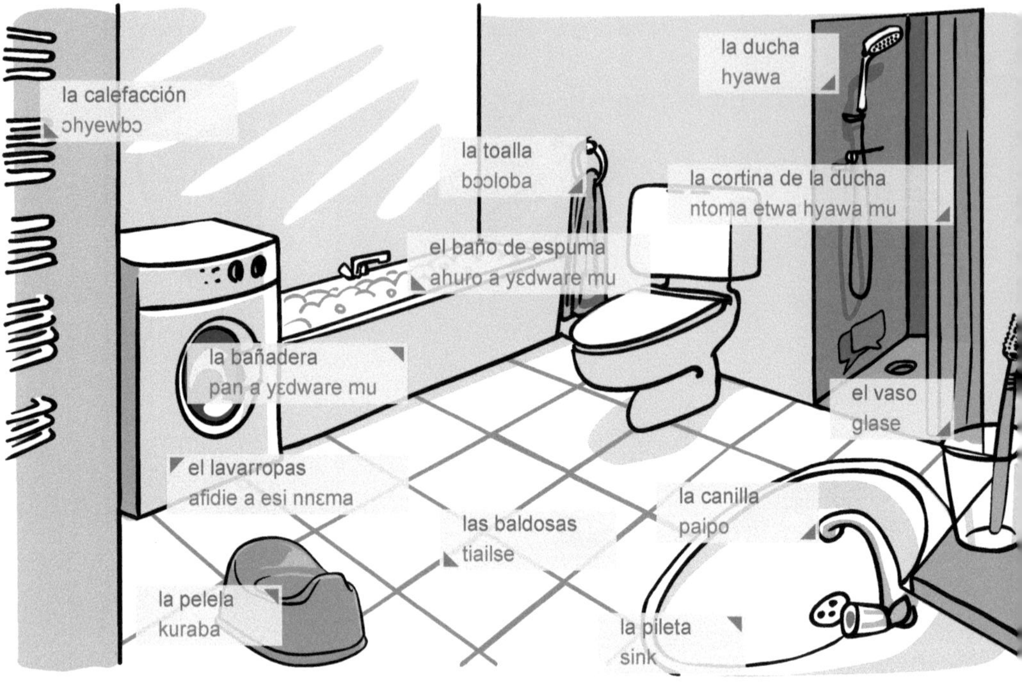

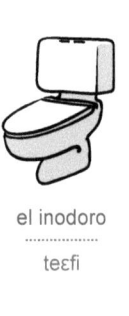

el inodoro

teɛfi

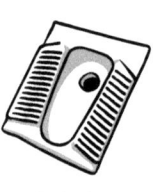

la letrina

teɛfi a yɛ koto so

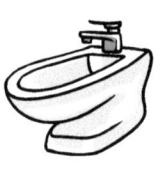

el bidé

bidet teɛfi

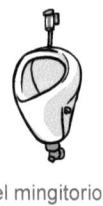

el mingitorio

dwonsɔ dan

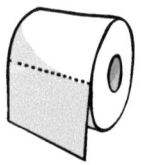

el papel higiénico

teɛfi so krataa

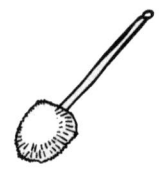

el cepillo para el inodoro

teɛfi so brɔhye

el cepillo de dientes

brɔhye a yɛde twitwiri see

el dentífrico

aduro a yɛde twitwiri see

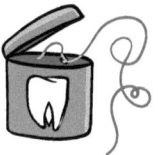

el hilo dental

yɛde yiyi ɛsee mu

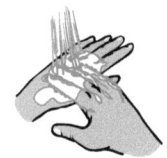

lavar

si

la ducha de mano

hyawa a yɛsɔ mu

la ducha higiénica

paipo a yɛde hohoro
ananmu

la palangana

bokiti

el cepillo para la espalda

brɔhye a wode dware w'akyi

el jabón

samena

el gel de ducha

hyawa samena

el shampoo

nsuo samena

la toallita

flanɛl ntoma

el desagüe

baabi a nsu fa pue

la crema

nku

el desodorante

yɛde fefa amotoamu

el espejo

ahwehwɛ

el espejito

ahwehwɛ a yɛsɔ mu

la maquinita de afeitar

bled

la espuma de afeitar

ahuro a yɛde yi nwi

el aftershave

aduro a yɛde fefa baabi a
wo ayi nwi

el peine

afen

el cepillo

brɔhye

el secador de pelo

afidie a ɛwo nwi

el spray

enwi sopre

el maquillaje

pɔns

el lápiz de labios

lipstike

el esmalte para uñas

penti a yɛde mɔreɛ so

el algodón

asaawa

la tijera para uñas

apasoɔ a etwa mmɔreɛ

el perfume

aduhwam

el portacosméticos

adwareɛ baage

la banqueta

edwa

la balanza

skele

la bata

adwereɛ ataadeɛ

los guantes de goma

rɔba a yɛde hyɛ nsa ho

el tampón

tampon

la toallita femenina

abɛɛfo amonsen

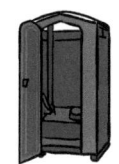

el baño químico

teɛfi a aduro gum

el cuarto de los chicos

nkwadaa dan mu

el despertador
klɔk a ɛbɔ nkaeɛ
el peluche
kyoobi
el coche de juguete
toi kaa
el sonajero
akasaa
la casa de muñecas
broniba dan
el regalo
seeseiara

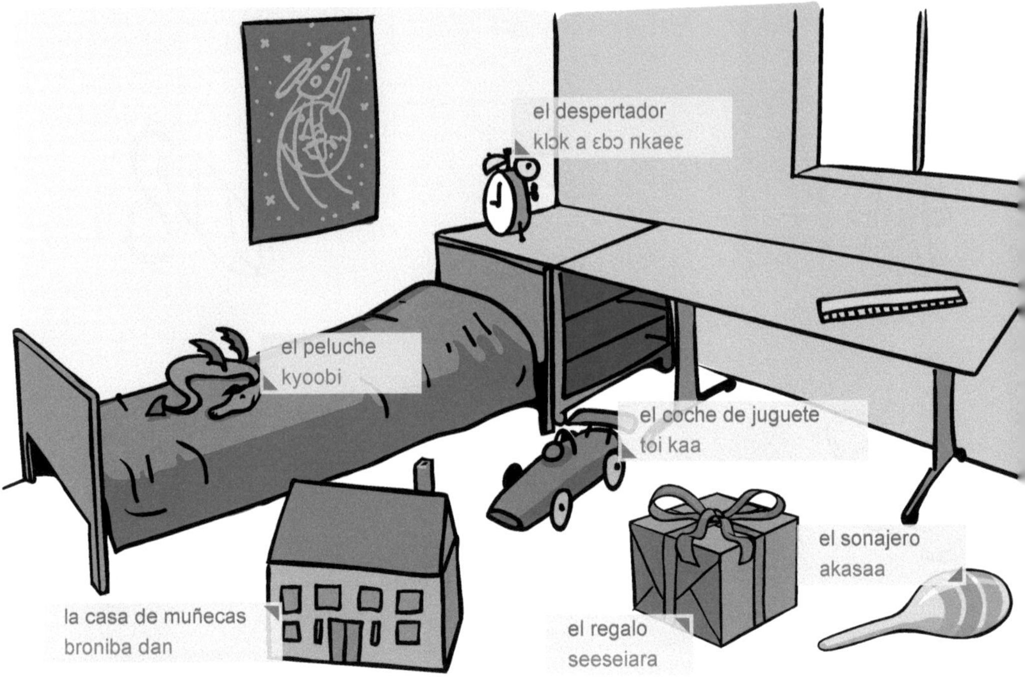

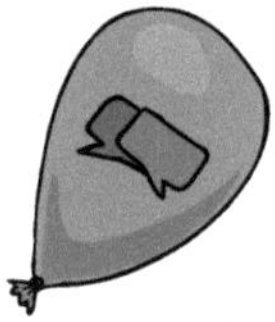

el globo

baaluu

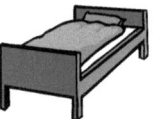

la cama

mpa

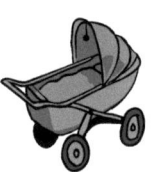

el cochecito

nkwadaa kaa

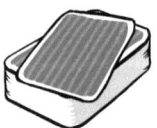

las cartas

sopaa

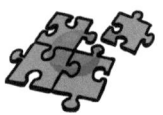

el rompecabezas

gyiksɔɔ

SUPER
MEGA

la historieta

nsɛnkwa

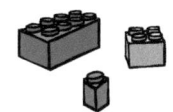

las piezas de lego
lego blɔg

los ladrillos de juguete
blɔg a yɛde si dan

la figura de acción
nnipa ɔbɔhye

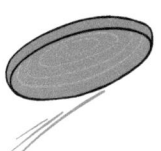

el enterito (de bebé)
abɔdoma ataadeɛ

el frisbee
frisbee

el móvil para bebés
mobail

el juego de mesa
ponoso agodie

los dados
daahye

el tren eléctrico
nkwadaa keteke

el chupete
koliko

la fiesta
apontɔɔ

el libro de cuentos ilustrado
nfonin nwoma

la pelota
bɔɔlo

la muñeca
broniba

jugar
di agorɔ

el arenero

anwea adaka

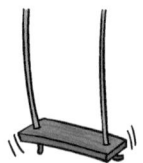

la hamaca

adonko

los juguetes

tois

la consola de videojuegos

video agodie apaawa

el triciclo

sakre a ne nan meɛnsa

el osito de peluche

kyoobi

el armario

wɔdropo

la ropa

ntaadeɛ

las medias

sɔks

las medias panty

stokens

las calzas

sekentait

la bufanda
duku

el paraguas
kyinieɛ

la remera
t-hyɛɛt

el cinturón
bɛlɛte

las botas
mpaboa

las pantuflas
kyalewate

las zapatillas
kamboo

las sandalias
asopatre

los zapatos
mpoboa

las botas de goma
rɔba mpaboa

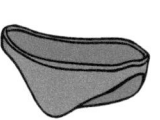

la ropa interior
ɛtam

el corpiño
bra

el chaleco
singlɛte

el body

nipadua

los pantalones

trɔsa

los jeans

gyins

la pollera

sekɛɛt

la blusa

ɛsoro ataadeɛ

la camisa

hyɛɛte

el pulóver

nkatoho a ɛko awɔ

el buzo

hoodie

el blazer

koot

la campera

nkatasoɔ

el tapado

nkatasoɔ

el piloto

nsutɔ mu nkataho

el traje

dwumadie bi ho ataadeɛ

el vestido

mmaa atadeɛ

el vestido de novia

ayefrɔ ataadeɛ

el traje

kootu

el camisón

mmaa ataadeɛ a yɛde da

el pijama

pigyamas ataadeɛ

el sari

sari

el pañuelo para la cabeza

duku

el turbante

abotire

la burka

burka

el caftán

kaftan

la abaya

nkramofoɔ mmaa atadeɛ

el traje de baño

taadeɛ a yɛde dware nsuo

el short de baño

asenemu ataadeɛ

los shorts

nika

el jogging

agokansie ntaadeɛ

el delantal

akatasoɔ

los guantes

nsa nkataho

el botón

bɔtom

los anteojos

sopɛɛse

la pulsera

ahwnee

el collar

komadee

el anillo

kawa

el aro

asomadee

la gorra

ɛkyɛ

la percha

yɛde koot sɛn so

el sombrero

ɛkyɛ

la corbata

abɔmene mu

el cierre

zip

el casco

ɛkyɛ denden

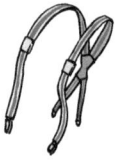

los tiradores

bresis

el uniforme escolar

sukuu ataadee

el uniforme

adwuma ataadee

el babero

mmɔfra bib

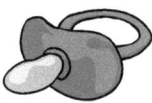

el chupete

koliko

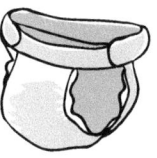

el pañal

nkwadaa napken

la oficina

asoeɛ

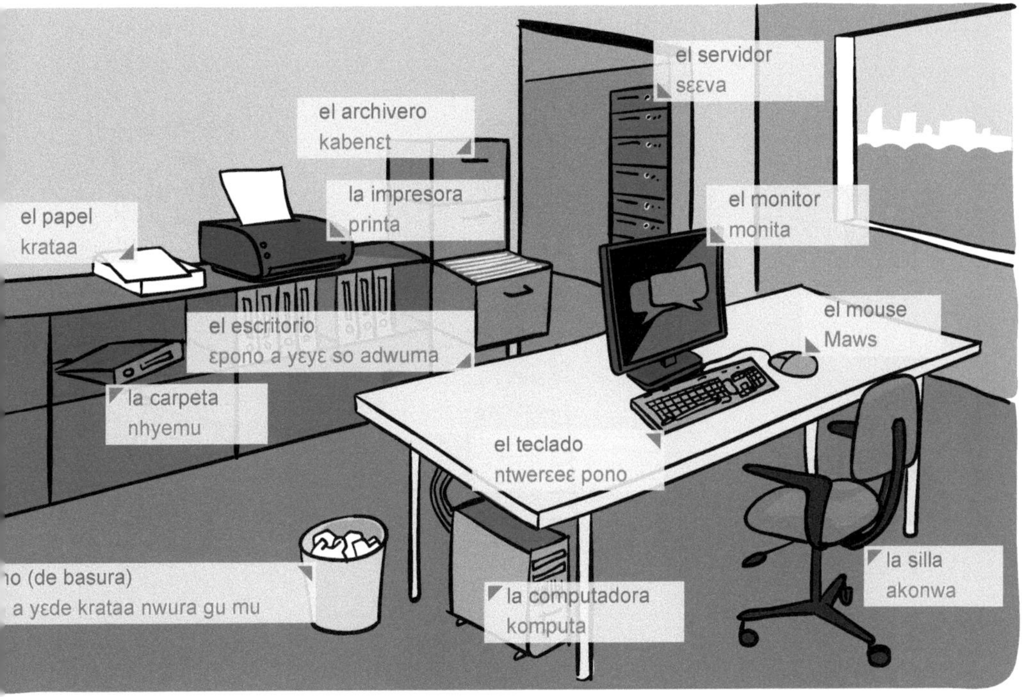

el servidor
sɛɛva

el archivero
kabenɛt

la impresora
printa

el monitor
monita

el papel
krataa

el escritorio
ɛponɔ a yɛyɛ so adwuma

el mouse
Maws

la carpeta
nhyemu

el teclado
ntwerɛɛ pono

…o (de basura)
…a yɛde krataa nwura gu mu

la silla
akonwa

la computadora
komputa

la taza de café

kɔfe kuruwa

la calculadora

akontabuo fidie

el internet

intanɛt

la laptop

laptop

la carta

lɛta

el mensaje

nkratɔɔ

el celular

mobail kasafidie

la red

nɛtwɛke

la fotocopiadora

fotokɔpi

el software

softwɛɛ

el teléfono

tetefon

el tomacorriente

sɔkɛt

el fax

faks afidie

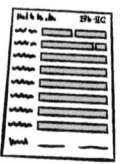

el formulario

katraa

el documento

nkrataa

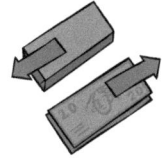

comprar
tɔ

pagar
tua

hacer negocios
di dwa

el dinero
sika

el dólar
dollar

el euro
euro

el yen
yen

el rublo
rubel

el franco suizo
Swiss franks

el yuan
renminbi yuan

la rupia
rupii

el cajero automático
baabi yɛtua sika

la casa de cambio

baabi a yɛ sesa sika

el oro

sika kɔkɔɔ

la plata

dwetɛ

el petróleo

now

la energía

ahoɔden

el precio

ne boɔ

el contrato

kontragye

el impuesto

ɛtoɔ

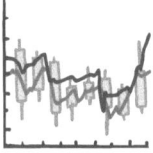

la acción

stɔk

trabajar

adwuma

el empleado

adwumayɛni

el empleador

adwumawura

la fábrica

mfididwuma mu

el negocio

sotɔɔ

las ocupaciones
nwuma ahodoɔ

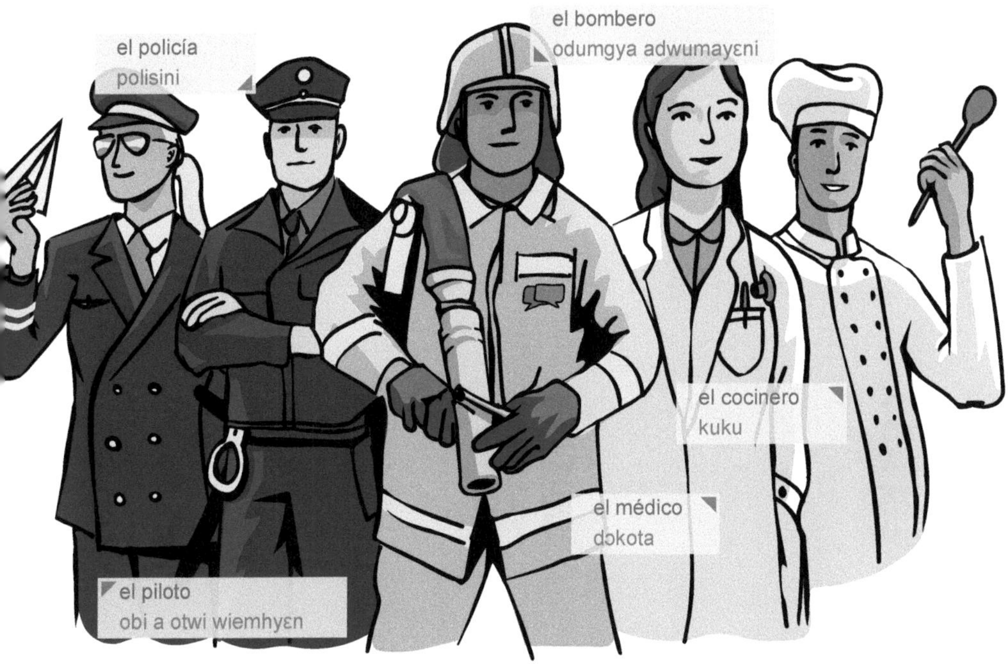
el bombero
odumgya adwumayɛni
el policía
polisini
el cocinero
kuku
el médico
dɔkota
el piloto
obi a otwi wiemhyɛn

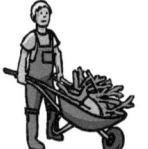

el jardinero

ɔyɛ afuo

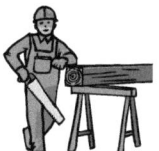

el carpintero

dua dwomfoɔ

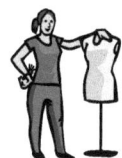

la modista

adepani baa

el juez

atɛnmuafoɔ

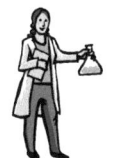

el farmacéutico

ɔtɔn nnuro

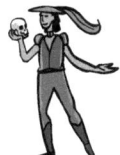

el actor

sini yɛfoɔ

el colectivero

bɔs drɔba

el taxista

taisi drɔba

el pescador

ɔpofoɔ

la mucama

ɔbaa a osiesie fie

el techista

ɔbɔdanso

el mozo

ɔsom adidieɛ

el cazador

bɔmɔfoɔ

el pintor

penta

el panadero

ɔto paano

el electricista

ɔyɛ nkaneɛ ho adwuma

el albañil

ɔdansifoɔ

el ingeniero

inginia

el carnicero

ɔdwa nam

el plomero

plɔmba

el cartero

krataa manefoɔ

el soldado

sogyani

el arquitecto

ɔdwi adan

el cajero

ɔgyegye sika

el florista

ɔtɔn nhwiren

el peluquero

ɔyɛ tire

el cobrador

meeti

el mecánico

fitani

el capitán

nnipa a otwi suhyɛn

el dentista

ɛsee dɔkota

el científico

abɔdeɛ mu nimdefoɔ

el rabino

rabi

el imán

kramo panin

el monje

ɔsɔfo

el sacerdote

ɔsɔfo

las herramientas
anwenade

el martillo
hama
la tenaza
playa
el destornillador
skrudrɔba
la llave
sopana
la linterna
abɛɛfo tɛnee

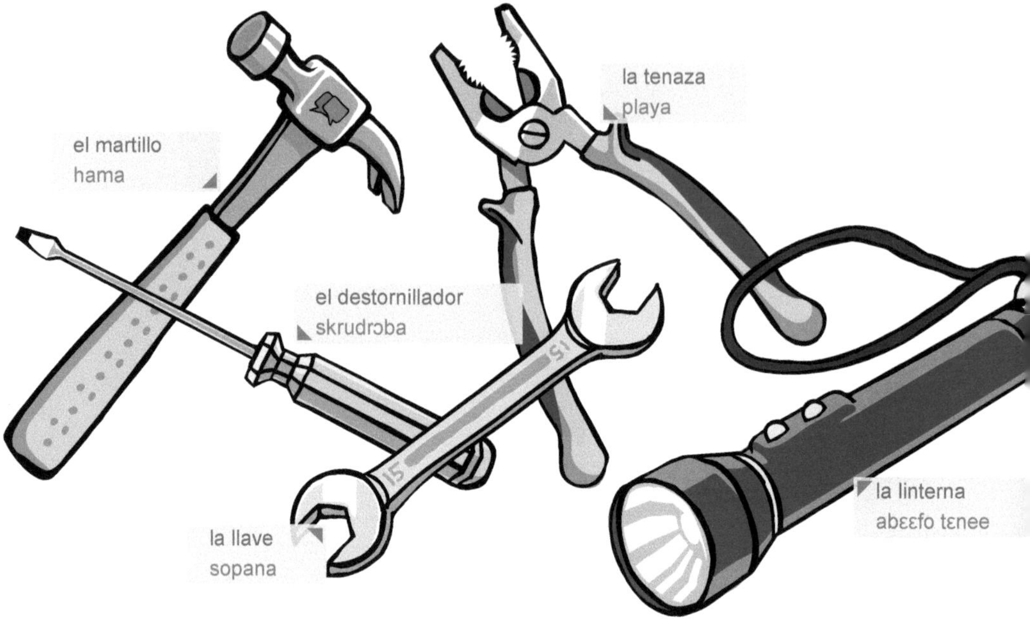

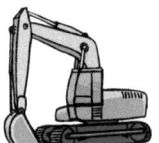

la excavadora

otu amena

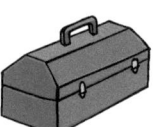

la caja de herramientas

anwenade adaka

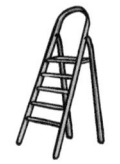

la escalera portátil

atwedeɛ

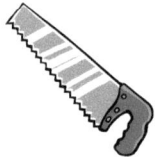

la sierra

asradaa

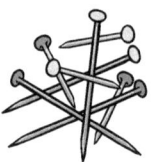

los clavos

nnadewa

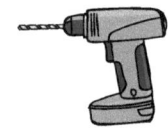

el taladro

afidie a yɛde bɔne tokro

arreglar
········
siesie

la pala de jardín
········
sofi

¡Qué bronca!
········
Ebei!

la pala de plástico
········
asanwura

el tacho de pintura
········
penti kukuo

los tornillos
········
skruu

los instrumentos musicales
nneεma a yεde bɔ nwom

la batería
nneama a yεde bɔ ntwene

el parlante
msopika a anoyεden

la guitarra
dwitae

el contrabajo
bass dwitae kεseε

la trompeta
abεn

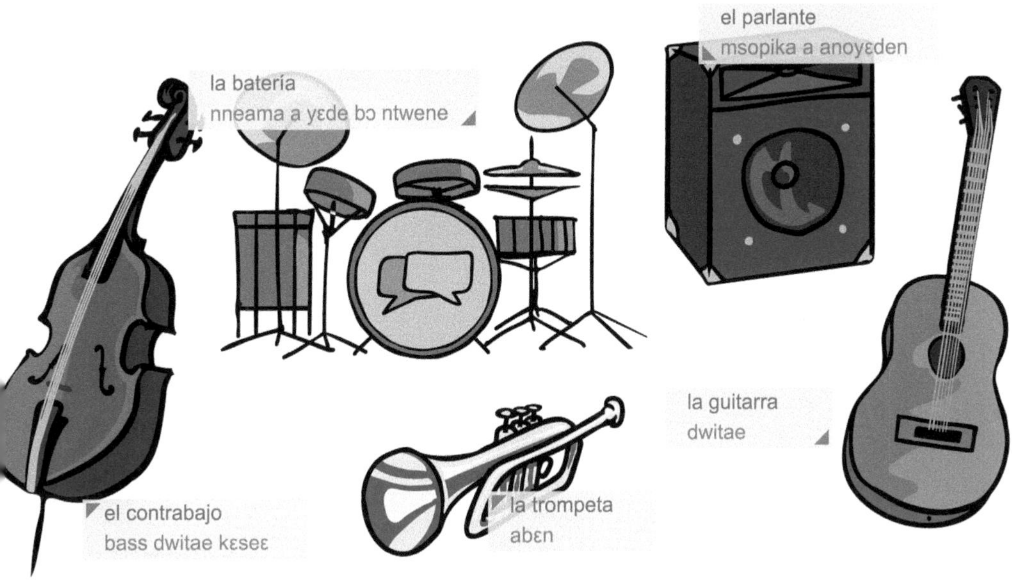

el piano

sankuo

el violín

ahoma sankuo

el bajo

bass dwitae

los timbales

atumpan

el tambor

ntwene

el teclado

ntwerɛeɛ apa

el saxofón

saksofon

la flauta

atentenbɛn

el micrófono

maikrofon

la entrada
ɛpono ano

el tigre
sɛbɔ

la jaula
mmoa dan

la cebra
zebra

el alimento para animales
mmoa aduane

el oso panda
panda

los animales

mmoa

el elefante

ɔsonɔ

el canguro

kangaru

el rinoceronte

raino

el gorila

akatea

el oso

sisire

el camello

afunupɔnkɔ

el avestruz

sohori

el león

gyata

el mono

adwee

el flamenco

flamingo

el loro

ako

el oso polar

awɔ mu sisire

el pingüino

penguin

el tiburón

oboodede

el pavo real

akɔkonini abankwa

la serpiente

wɔwɔ

el cocodrilo

dɛnkyɛm

el cuidador del zoológico

nnipa ɛhwɛ zoo so

la foca

nsuo mu gyata

el jaguar

sebɔ

el poni

pɔnkɔ ba

el leopardo

etwie

el hipopótamo

susuono

la jirafa

kɔntenten

el águila

ɔkɔdeɛ

el jabalí

kɔkɔte

el pescado

apataa

la tortuga

sudandan

la morsa

walrus

el zorro

sakraman

la gacela

ɔtwee

el fútbol americano
Amerikafoɔ futbɔɔlo

el ciclismo
skre twie

el tenis
tennis

el básquet
basketbɔɔlo

la natación
nsuom adwareε

el boxeo
akutruku

el hockey sobre hielo
asukɔkyea so hɔki

el fútbol
futbɔl

el bádminton
badmintin

el atletismo
mirikatuo

el handball
bɔɔlo a yεde nsa bɔ

el esquí
skii

el polo
polo

las actividades
nwumadie

saltar
huri
abrazar
bam
reír
sere
caminar
nante
cantar
to dwom
soñar
so daeɛ
rezar
bɔ mpaeɛ
besar
fe ano

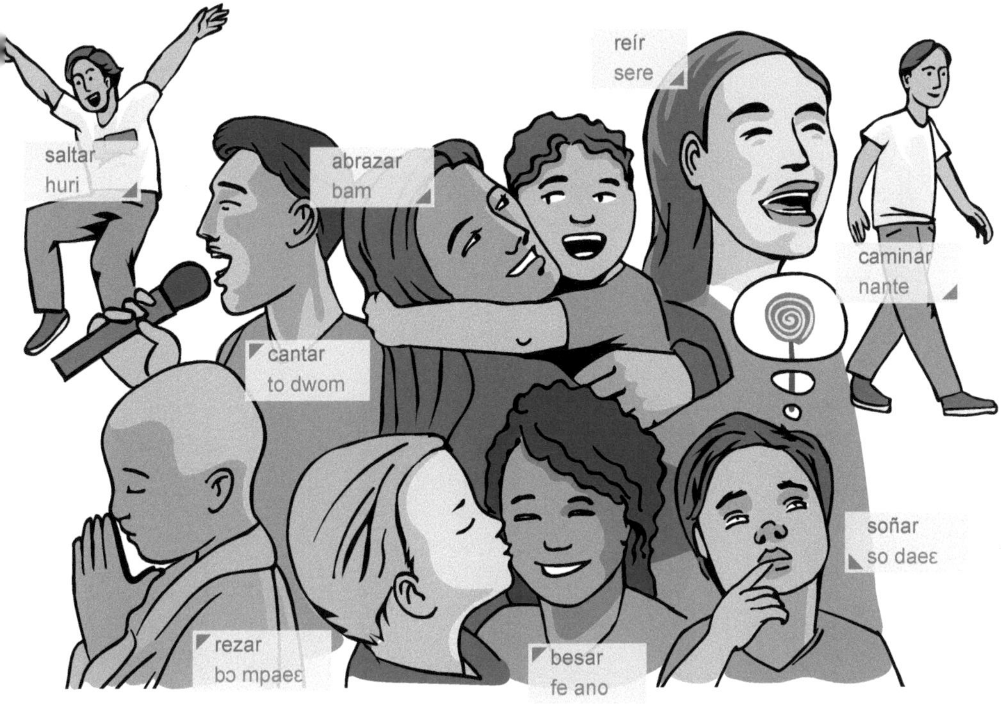

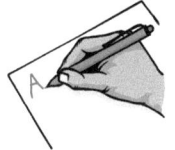

escribir

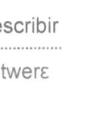

twerɛ

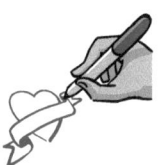

dibujar

dwi

mostrar

kyerɛ

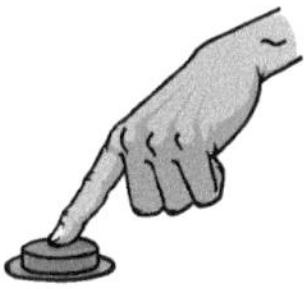

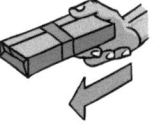

presionar

pia

dar

ma

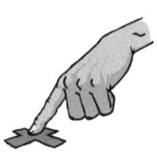

tomar

fa

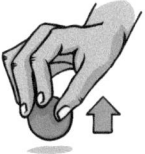

tener

nya

hacer

yɛ

ser

yɛ

estar parado

gyina

correr

tu mirika

tirar

twe

tirar

to

caer

tɔ fam

estar acostado

da hɔ

esperar

twɛn

llevar

soa

estar sentado

tenase

vestirse

hyɛ ataadeɛ

dormir

da

despertar

nyane

mirar

hwɛ

llorar

su

acariciar

san ho

peinar

nunum

hablar

kasa

entender

te aseɛ

preguntar

bisa

escuchar

tie

beber

nom

comer

didi

ordenar

yɛ nsiesie

amar

ɔdɔ

cocinar

noa

manejar

twi

volar

tu

navegar

fa nsuo so

calcular

sese

leer

kenkan

aprender

sua

trabajar

adwuma

casarse

ware

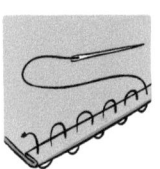

coser

pam

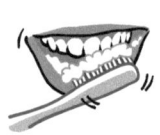

cepillarse los dientes

twitwiri wo se

matar

kum

fumar

nom gyɔt

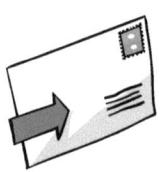

enviar

mane

la familia
abusua

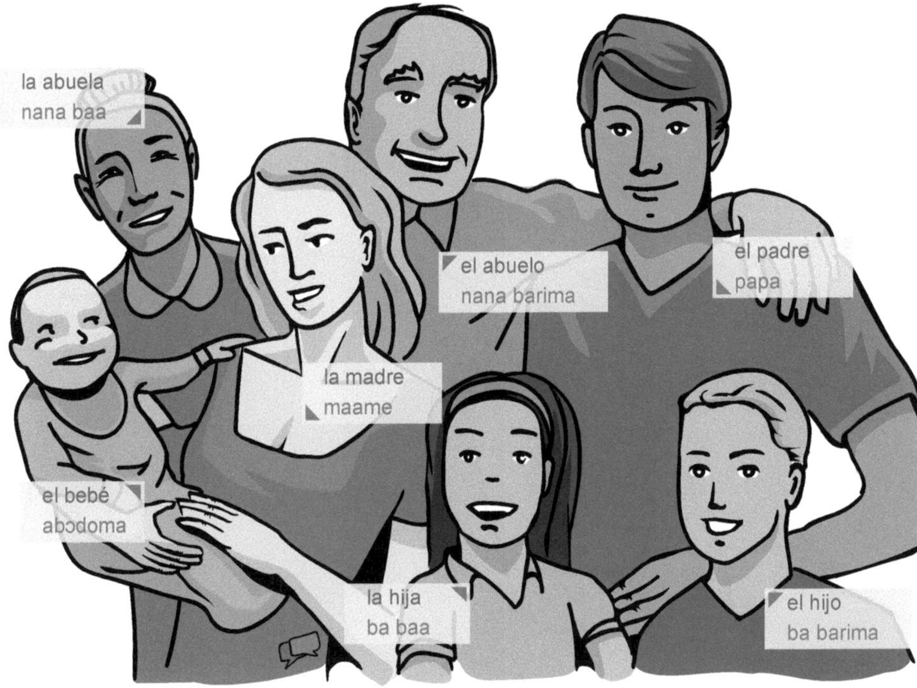
la abuela
nana baa
el abuelo
nana barima
el padre
papa
la madre
maame
el bebé
abɔdoma
la hija
ba baa
el hijo
ba barima

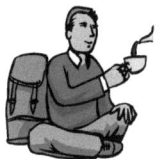

el invitado

ɔhɔhoɔ

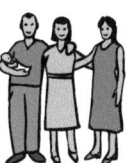

la tía

sewaa

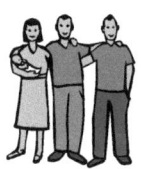

el tío

wɔfa

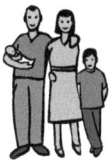

el hermano

nua barima

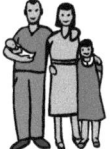

la hermana

nua baa

el cuerpo

nipadua

la frente
moma
el ojo
ani
el hombro
abɛtire
el dedo
nsatea
la cara
anim
la pera
apantan
la mano
nsa
la pierna
ɛnan
el pecho
nufoɔ
el brazo
nsa

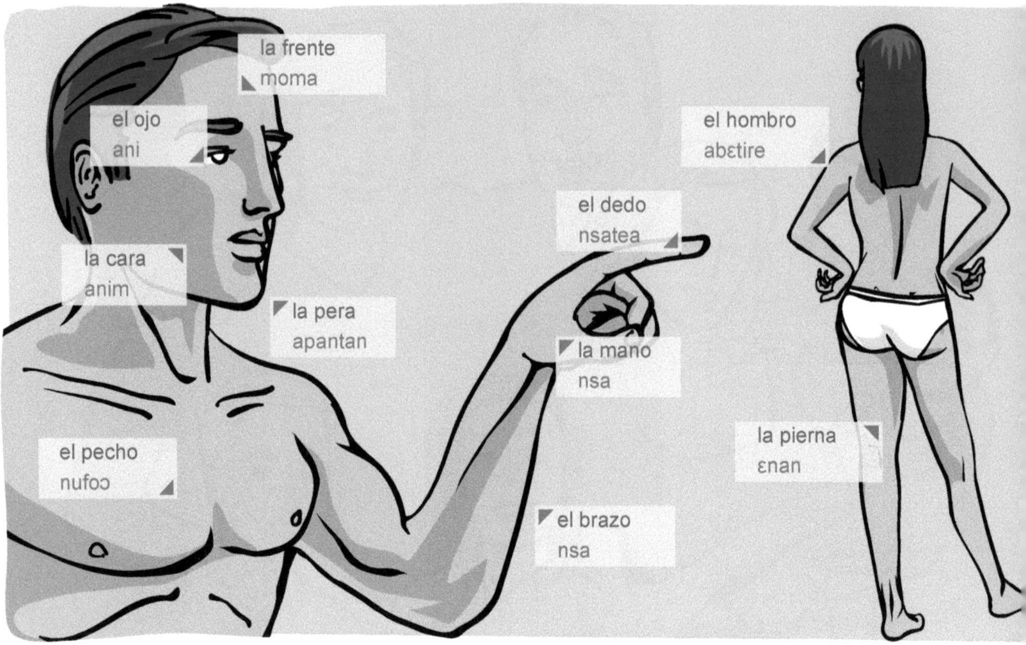

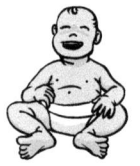

el bebé

abɔdoma

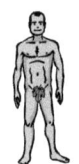

el hombre

barima

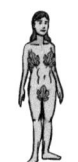

la mujer

ɔbaa

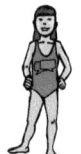

la nena

abayewa

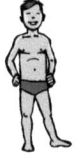

el nene

abarimawa

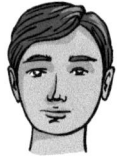

la cabeza

etire

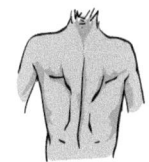

la espalda
akyi

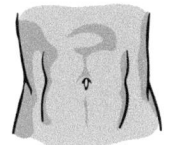

la panza
afro

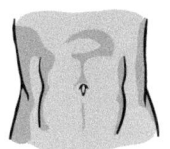

el ombligo
fruma

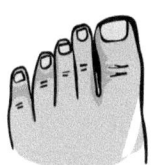

el dedo del pie
nansoa

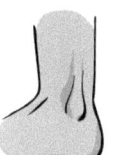

el talón
nantini

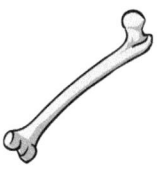

el hueso
dompe

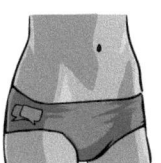

la cadera
ataasɔ

la rodilla
kotodwe

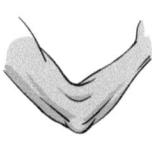

el codo
abatwɛ

la nariz
ɛhwene

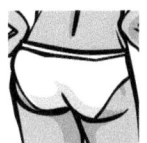

la cola
ɛtoɔ

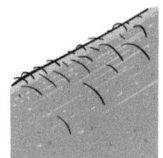

la piel
wedeɛ

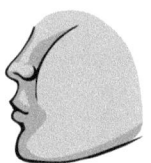

el cachete
afono

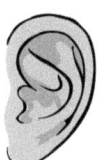

la oreja
aso

el labio
ano

la boca
....
anom

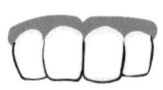

el diente
....
ɛsee

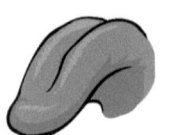

la lengua
....
tɛkyerɛma

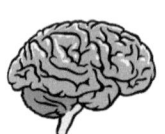

el cerebro
....
adwene

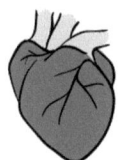

el corazón
....
akoma

el músculo
....
ntini

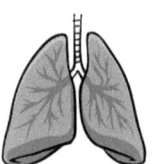

el pulmón
....
aharawa

el hígado
....
brɛbɔɔ

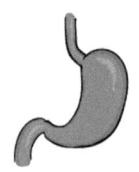

el estómago
....
yafunu

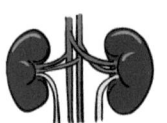

los riñones
....
asaa

el sexo
....
nna

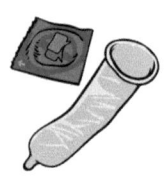

el preservativo
....
kɔndɔm

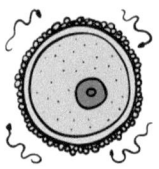

el óvulo
....
ɔbaa nkosua

el semen
....
barima ho nsuo

el embarazo
....
nyinsɛn

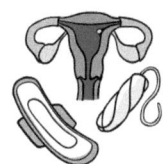

la menstruación
....
nsabuo

la vagina
....
ɛtwɛ

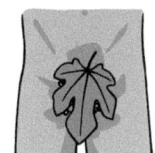

el pene
....
kɔteɛ

la ceja
....
anintɔn

el pelo
....
enwin

el cuello
....
ɛkɔn

el hospital
ayaresabea

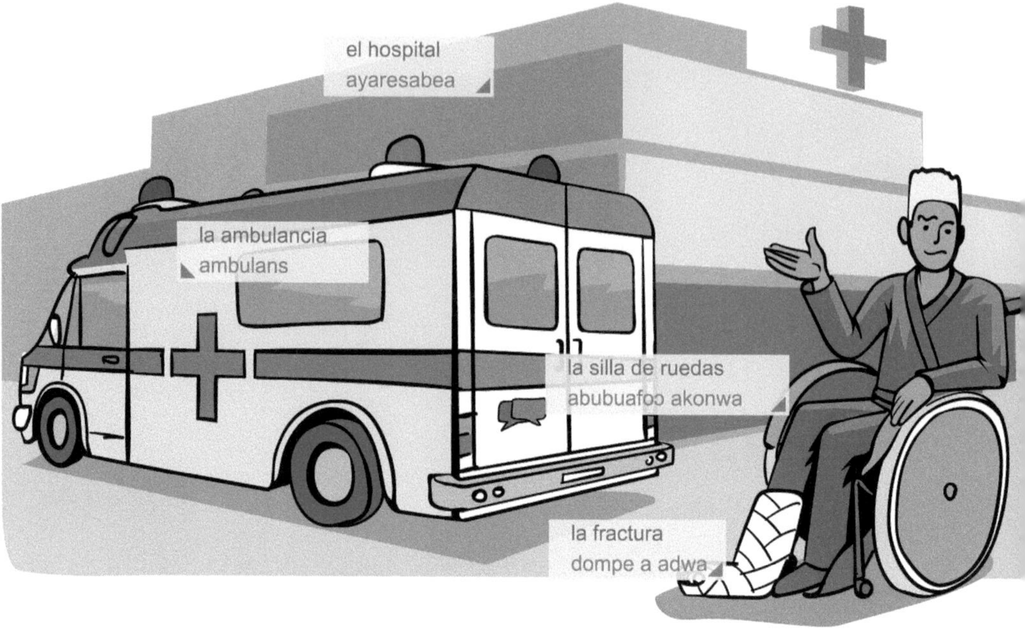

el hospital
ayaresabea
la ambulancia
ambulans
la silla de ruedas
abubuafoɔ akonwa
la fractura
dompe a adwa

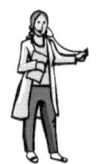

el médico

dɔkota

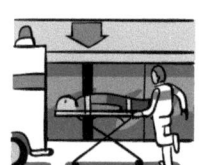

la sala de guardia

ɛdan a wɔde putupru nsɛm kɔmu

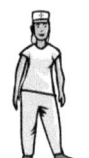

la enfermera

nɛɛse

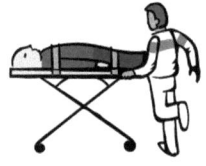

la emergencia

putupru

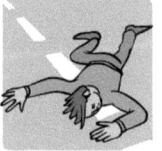

inconsciente

wɔ atwa ahwe

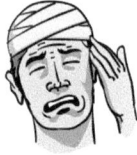

el dolor

yea

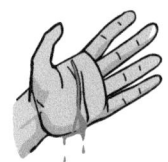

la lesión
....
epira

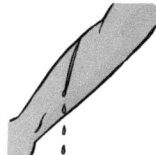

la hemorragia
....
mogyatuo

el infarto
....
akoma yarenini

el ACV
....
stroke yareɛ

la alergia
....
allegyi

la tos
....
ɛwa

la fiebre
....
ahɔɔhyeɛ

la gripe
....
papu

la diarrea
....
ayamtuo

el dolor de cabeza
....
tipaeɛ

el cáncer
....
kokoram

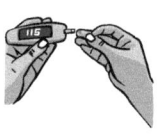

la diabetes
....
asikyire yareɛ

el cirujano
....
dɔkota a ɛyɛ oprehyɛn

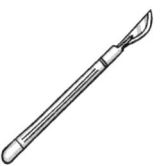

el bisturí
....
skapɛl sekan

la operación
....
aprehyɛn

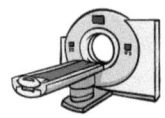

la TC

CT

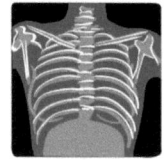

los rayos x

x-ray

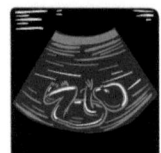

la ecografía

ultrasound

el barbijo

nkatanim

la enfermedad

yareɛ

la sala de espera

ɛdan a wɔ twɛn mu

la muleta

krɔhyes

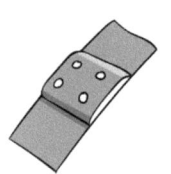

la curita

plasta

la venda

banege

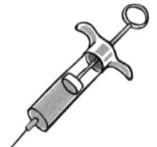

la inyección

paneɛ

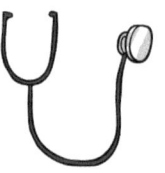

el estetoscopio

Stetoskop

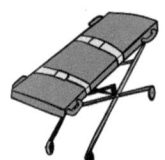

la camilla

ahomankaa

el termómetro

afidie a esusu ahoɔhyeɛ

el nacimiento

awoɔ

el sobrepeso

kɛseɛ mmorosoɔ

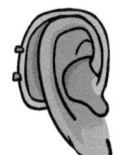

el audífono

afidie a ɛboa asɛmtie

el desinfectante

aduro a ekum mmoawa

la infección

yareɛ a mmoawa deba

el virus

vaarɔs

el VIH / SIDA

HIV / AIDS

el remedio

aduro

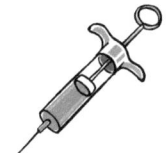

la vacunación

aduro a esi yareɛ ano

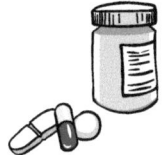

los comprimidos

aduro tablɛte

la pastilla anticonceptiva

topaeɛ

a llamada de emergencia

ɔfrɛ wɔ putupru so

el tensiómetro

afidie a esusu mogya mmrosoɔ

enfermo / sano

yareɛ / apomuden

la alarma

kɔkɔbɔ

la agresión

ɛborɔ

¡Ayuda!

Boa me!

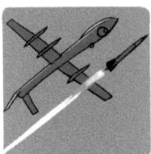

el ataque

ato ahyɛ obi so

el peligro

ɛyɛ hu

la salida de emergencia

baabi a yɛfa de pue putupru so

¡Fuego!

Ogya!

el matafuego

afidie a yɛde dumgya

el accidente

nkwanhyia

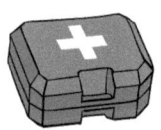

el botiquín de primeros auxilios

nneɛma yɛde sɔ yareɛ ano

el SOS

SOS

la policía

polisi

Europa

Yuropo

América del Norte

Amerika atifi

América del Sur

Amerika ananfoɔ

África

Abiberm

Asia

Asia

Australia

Australia

el Atlántico

Atlantik

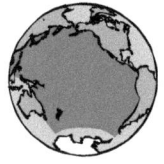

el Pacífico

Pasifek

el Océano Índico

India po kɛseɛ

el Océano Antártico

Antaatek po keseɛ

el Océano Ártico

Aatek po kɛseɛ

el polo norte

Ewiase atifi

el polo sur

Ewiase anaafoɔ

la Antártida

Antaatek

la Tierra

Ewiase

la tierra

asaase

el mar

ɛpo

la isla

supɔ

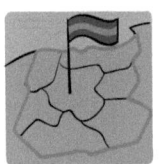

la nación

ɔman

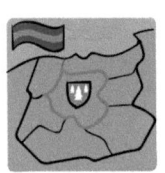

el estado

ɔman

la esfera

klɔko no anim

la manecilla de las horas

dɔnhwere nsa no

el minutero

sima nsa

el segundero

anitɛtɛ nsa no

¿Qué hora es?

Abɔ sɛn?

el día

da

la hora

berɛ

ahora

seeseiara

el reloj digital

wkye a nɔma wɔ so

el minuto

sima

la hora

dɔnhwere

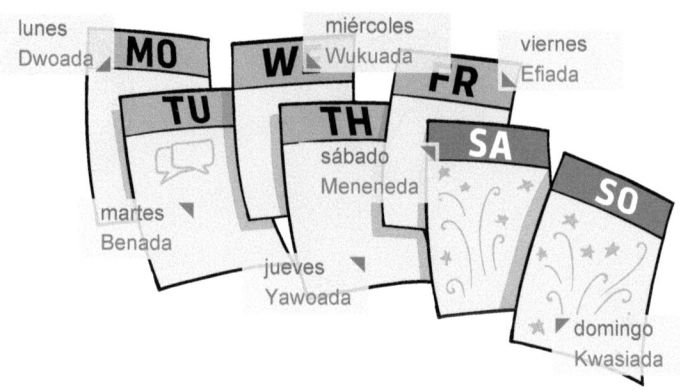

lunes
Dwoada

miércoles
Wukuada

viernes
Efiada

martes
Benada

sábado
Meneneda

jueves
Yawoada

domingo
Kwasiada

ayer

ɛnora

hoy

ɛnora

mañana

ɔkyina

la mañana

anɔpa

el mediodía

prɛmtobrɛ

la tarde

anwumerɛ

los días hábiles

adwuma nna

el fin de semana

nnawɔtwe awieɛ

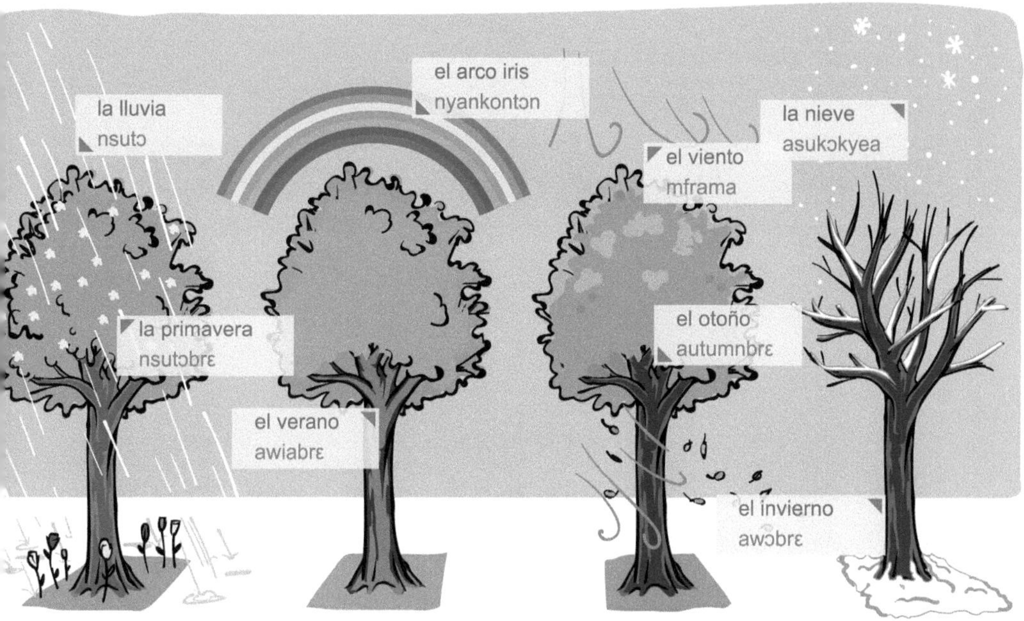

la lluvia
nsutɔ
el arco iris
nyankontɔn
la nieve
asukɔkyea
el viento
mframa
la primavera
nsutɔbrɛ
el otoño
autumnbrɛ
el verano
awiabrɛ
el invierno
awɔbrɛ

4.APRIL 11°
5.APRIL 4°
6.APRIL 13°
7.APRIL 8°
8.APRIL 10°

pronóstico meteorológico

ewiem nsakrɛɛɛ

F
C
120
90
60
30
0
-30
40
30
20
10
0
-10
-20

el termómetro

afidie a esusu ade ho hyeɛ

la luz del sol

awiabɔ

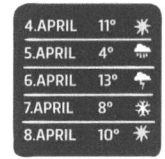

la nube

munukum

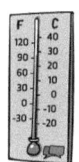

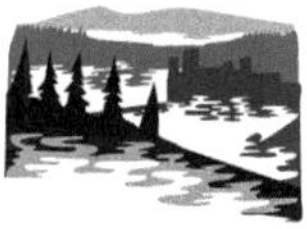

la niebla

ɛbɔ

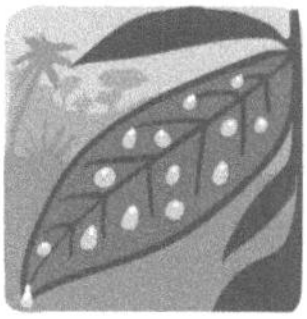

la humedad

ewiem nsuo

el rayo

ayerɛmo

el trueno

apranaa

la tormenta

ehum

el granizo

asukɔkyea

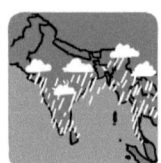

el monzón

monsoonbrɛ

la inundación

nsuyiri

el hielo

aise

enero

ɔpɛpɔn

febrero

ɔgyefoɔ

marzo

ɔbɛnem

abril

Oforisuo

mayo

Kotonimaa

junio

Ayɛwohomumu

julio

Kitawonsa

agosto

ɔsanaa

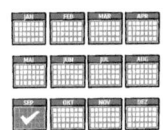

septiembre
....
ɛbɔ

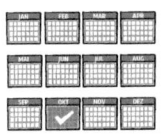

octubre
....
Ahinime

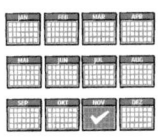

noviembre
....
Obubuo

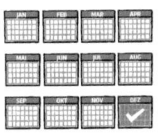

diciembre
....
ɔpɛnimaa

las formas

abosuo

el círculo
....
kanko

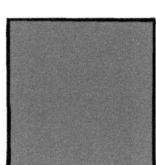

el cuadrado
....
sokwɛɛ

el rectángulo
....
rɛktangel

el triángulo
....
triangel

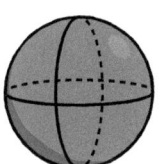

la esfera
....
krukruwa

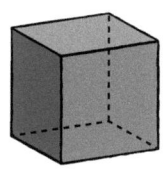

el cubo
....
adaka

blanco
....
fitaa

amarillo
....
akokɔ sradeɛ

naranja
....
aŋkaa

rosa
....
pink

rojo
....
kɔkɔɔ

violeta
....
pɛpol

azul
....
bruu

verde
....
ahaban mono

marrón
....
braun

gris
....
nson

negro
....
tuntum

mucho / poco

pii / ketewa

enojado / tranquilo

wo boafu / wɔ adwo

lindo / feo

ɛyɛ fɛ / ɛyɛ tan

el principio / el fin

ahyɛseɛ / awieɛ

grande / chico

kɛseɛ / esua

claro / oscuro

ɛha / esum

el hermano / la hermana

nuabarima / nuabaa

limpio / sucio

ɛho te / ayɛ fin

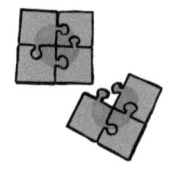

completo / incompleto

awie / enwieɛ

el día / la noche

awia / anadwo

muerto / vivo

awu / ɛte ase

ancho / angosto

emubae / ɛyɛ tea

comestible / no comestible

yɛde /yɛnni

malo / amable

bone / tema

entusiasmado / aburrido

wɔ aniagye / wɔ ani nka

gordo / flaco

ɔso / teatea

primero / último

edikan / etwatoɔ

el amigo / el enemigo

adamfoɔ / atamfo

lleno / vacío

ayɛ mma / hwee nim

duro / blando

ɛdenden / mmerɛ mmerɛ

pesado / liviano

ɛyɛ duru / ɛyɛ ha

el hambre / la sed

ɛkɔm / nsukɔm

enfermo / sano

yareɛ / apomuden

ilegal / legal

etia mmara / ɛwɔ mmara mu

inteligente / estúpido

nyansa / gyimi

izquierda / derecha

benkum / nifa

cerca / lejos

ɛbɛn / akyire

nuevo / usado

foforɔ / dada

nada / algo

hwee / biribi

viejo / joven

wɔ anyini/ ɔsua

encendido / apagado

sɔ /dum

abierto / cerrado

bue / tom

silencioso / ruidoso

dinn / dede

rico / pobre

ɔdefoɔ / ohia

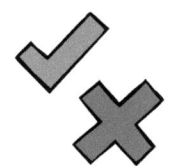

correcto / incorrecto

nifa / benkum

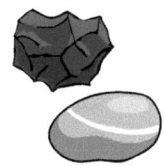

áspero / suave

werewerɛwerewerɛ /
trontron

triste / contento

awerɛhoɔ / anigyeɛ

corto / largo

tietia / tenten

lento / rápido

nyaa / ntɛm

mojado / seco

afɔ / awɔ

caliente / frío

dedɛɛdeɛɛ / adwo

guerra / paz

akoo / asomdweɛ

0

cero

hwee

1

uno

baako

2

dos

mienu

3

tres

meɛnsa

4

cuatro

ɛnan

5

cinco

enum

6

seis

nsia

7

siete

nson

8

ocho

nwɔtwe

9

nueve

nkron

10

diez

edu

11

once

du-baako

12
doce

du-mienu

13
trece

du-meɛnsa

14
catorce

du-nan

15
quince

du-num

16
dieciséis

du-nsia

17
diecisiete

de-nson

18
dieciocho

du-nwɔtwe

19
diecinueve

du-nkron

20
veinte

aduonu

100
cien

ɔha

1.000
mil

apem

1.000.000
el millón

ɔpepem

el inglés

Brɔfo

el inglés americano

Amerikafoɔ Brɔfo

el chino mandarín

Chainfoɔ Mandarin

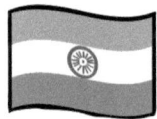

el hindi

Hindi

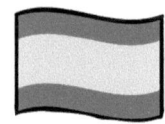

el español

Spainfoɔ kasa

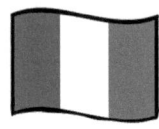

el francés

French kasa

el árabe

Arabia kasa

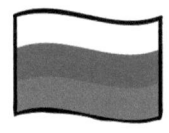

el ruso

Russianfoɔ kasa

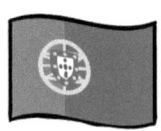

el portugués

Portugalfoɔ kasa

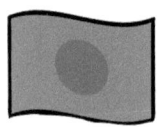

el bengalí

Bengali

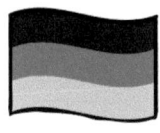

el alemán

Germanfoɔ kasa

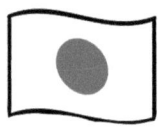

el japonés

Japanfoɔ kasa

yo

Me

vos

wo

él / ella

ono

nosotros

yɛn

ustedes

wo

ellos

ɔmmo

¿quién?

hwan?

¿qué?

dɛɛ bɛn?

¿cómo?

ɛyɛ deɛn?

¿dónde?

ehen?

¿cuándo?

dabɛn?

el nombre

edin

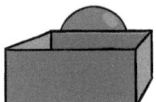

detrás

akyire

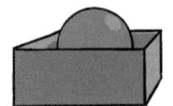

en

emu

adelante de

anim

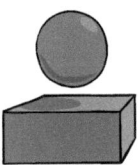

por encima de

ɛsoro

sobre

ɛso

debajo de

aseɛ

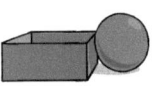

al lado de

nkyɛn

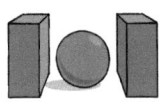

entre

ntɛm

el lugar

beaɛ